BEI GRIN MACHT SICH IHR WISSEN BEZAHLT

AF173268

- Wir veröffentlichen Ihre Hausarbeit, Bachelor- und Masterarbeit

- Ihr eigenes eBook und Buch - weltweit in allen wichtigen Shops

- Verdienen Sie an jedem Verkauf

Jetzt bei www.GRIN.com hochladen und kostenlos publizieren

Susanne Hahn

Die Entzauberung von Wundern durch die Wissenschaften

GRIN Verlag

Bibliografische Information der Deutschen Nationalbibliothek:

Die Deutsche Bibliothek verzeichnet diese Publikation in der Deutschen National-
bibliografie; detaillierte bibliografische Daten sind im Internet über http://dnb.d-
nb.de/ abrufbar.

Impressum:

Copyright © 2012 GRIN Verlag GmbH
Druck und Bindung: Books on Demand GmbH, Norderstedt Germany
ISBN: 978-3-656-59332-4

Dieses Buch bei GRIN:

http://www.grin.com/de/e-book/268325/die-entzauberung-von-wundern-durch-
die-wissenschaften

GRIN - Your knowledge has value

Der GRIN Verlag publiziert seit 1998 wissenschaftliche Arbeiten von Studenten, Hochschullehrern und anderen Akademikern als eBook und gedrucktes Buch. Die Verlagswebsite www.grin.com ist die ideale Plattform zur Veröffentlichung von Hausarbeiten, Abschlussarbeiten, wissenschaftlichen Aufsätzen, Dissertationen und Fachbüchern.

Besuchen Sie uns im Internet:

http://www.grin.com/

http://www.facebook.com/grincom

http://www.twitter.com/grin_com

Die Entzauberung von Wundern durch die Wissenschaften

Von Susanne Hahn

„Wunder gibt es immer wieder"[1], heißt es in einem Lied aus den 70er Jahren. Doch auch wenn der Text vermutlich nicht den Sinn darin sucht, dass Wunder seit Menschengedenken immer wieder auftreten, ist es dennoch so. Nicht nur in unserer Zeit finden sich kleine Wunder- dass ein krebskrankes Kind wieder gesund ist, dass der Bus die Frau zwar überfahren, aber diese überlebt hat- sondern seit tausenden von Jahren finden sich immer wieder in Schriften und Überlieferungen das Erleben oder Selbstauslösen von Wundern.

Herakles erreichte im Antiken Griechenland etwas schier Unmögliches, indem er die ihm auferlegten zwölf Aufgaben, die sowohl übermenschliches als auch undenkbares erforderten, löste- ein Wunder, das bis heute noch in diversen Büchern übermittelt wird.[2] Ebenso wie Jesus von Nazareth, der durch ein Wunder Menschen heilen und über Wasser laufen konnte, ebenso wie das Wunder, dass er nach seinem Tod auferstand.[3]

Wunder verzauberten die Menschen auch noch in den darauffolgenden Jahrtausenden bis heute. Wir sprechen von einem Wunder, wenn eine Person eine Straße entlang geht und doch nicht vom herabfallenden Klavier erwischt wird. Es ist ein Wunder, wenn ein verschollenes Kind doch noch nach Tagen gefunden wird. Wundersam ist es auch, wenn eine kranke Person plötzlich wieder gesund ist. Doch was ist eigentlich ein Wunder und wodurch wird etwas zu einem Wunder? Im Duden heißt es, ein Wunder sei etwas *„außergewöhnliches, den Naturgesetzen oder aller Erfahrung widersprechendes und deshalb der unmittelbaren Einwirkung einer göttlichen Macht oder übernatürlichen Kräften zugeschriebenes Geschehen, Ereignis, das Staunen erregt."*[4]

Demnach wird etwas zu einem Wunder, wenn es nicht wissenschaftlich erklärbar ist und wird daher einer höheren Macht zugeordnet. Wie haben Herakles und die anderen es geschafft, all diese Dinge zu tun? Es war schlichtweg ein Wunder, das von einer höheren

---

[1] Das Lied heißt „Wunder gibt es immer wieder" von Katja Ebstein aus dem Jahr 1970.
[2] Vgl: http://de.wikipedia.org/wiki/Wunder (13.03.2012).
[3] Vgl: http://christuszeugnis.de/leben-aus-kraft-gottes.html (13.03.2012).
[4] http://www.duden.de/rechtschreibung/Wunder (13.03.2012).

Instanz ermöglicht wurde und all jene, die davon hören, in Erstaunen versetzt und den jeweiligen Glauben an etwas Göttliches verstärkt.

Insbesondere in der Frühen Neuzeit kursierten eine Vielzahl Geschichten über wundersame Begegnungen und erfahrene Wunder. Die Frühe Neuzeit erstreckte sich etwa vom fünfzehnten bis zum achtzehnten Jahrhundert.[5] Sie war vor allem geprägt durch Humanisten, Absolutismus, durch den Dreißigjährigen Krieg, Buchdruck und der Entdeckung neuer Welten.[6] Zwischen dem vierzehnten und siebzehnten Jahrhundert bereisten die Menschen die Meere, um nicht nur neue Welten zu entdecken, sondern vor allem Gewürze, Rohstoffe sowie neue gläubige Anhänger zu finden.[7]Es kursierten Reiseberichte, Flugblätter und diverse andere Schriften, in denen von Wundern gesprochen wurden. Scheintote, unheimliche Wesen, Himmelszeichen, Geister, Naturphänomene und etliche andere wundersame Dinge wurden in der Frühen Neuzeit verbreitet berichtet und verankerten sich in den Köpfen der Menschen in jener Epoche. Doch egal, welches Wunder beschrieben wird, jedes von ihnen wird den Mächten Gottes zugeordnet[8].

„Gott verbringt das Wunder für eine Zuschauerschaft"[9] und setzt mit jedem wundersamen Ereignis ein Zeichen, das von den Menschen interpretiert werden musste, wie beispielsweise *„[...]die ägyptische Feigenbaumart, deren Holz im Wasser versinkt, statt an der Oberfläche zu schwimmen; der Selenitstein aus Persien, dessen Glanz mit dem Mond ab- und zunimmt [...]."*[10] All die wundersamen Geschehnisse in der Natur werden auf Gott zurückgeführt, da Gott es war, der die Natur erschuf. Durch diese Überzeugung wurde der Gottesglaube insbesondere der des Christentums enorm verstärkt. Da nicht erklärt werden konnte, wieso die Feigenbaumart nicht schwimmen kann, wurde diese einer höheren Instanz zugeordnet.

Das kam den Anhängern des Christentums zugute, da mit jedem einzelnem Wunder der Glaube an die Bibel und an die Existenz Gottes gestärkt wurde. Es existieren jedoch auch Berichte über Wunder, die nicht verwunderten sondern erschütterten: Der Florentiner Luca Landucci schrieb beispielsweise im Jahre 1512 in seinem Tagebuch: *„Wir hörten, dass in Ravenna ein Monstrum zur Welt gekommen war, [...] es hatte ein Horn auf dem Kopf, das war steil aufgerichtet wie ein Schwert, und statt Armen hatte es zwei Flügel wie eine*

---

[5]Vgl: http://www.uni-muenster.de/FNZ-Online/einleitung/einfuehrung_epoche/unterpunkte/epochenbewusstsein.htm (13.03.2012).

[6]Vgl: http://blog.zeit.de/schueler/2010/08/31/thema-fruhe-neuzeit/ (13.03.2012).

[7]Vgl: http://www.zeit.de/zeit-geschichte/2011/01/Zeitalter-der-Entdecker (13.3.2012).

[8]Vgl: Schwegler, Michaela: Entzauberung himmlischer Zeichen. 2002.

[9] Daston, Lorraine: Wunder,Beweise und Tatsachen, S.34.

[10] Ebenda.

Fledermaus, [...] und am rechten Knie hatte es ein Auge, und sein linker Fuß war wie eine Adlerkralle."[11] Ein paar Tage nach der Geburt dieses missgebildeten Kindes wurde die Stadt Ravenna von Frankreich besetzt- Gott schien dieses wundersame Kind geschaffen zu haben, um das Volk zu warnen, da war sich Landucci sicher.

Den von Gott gesendeten Zeichen stehen jene des Satans gegenüber, der mithilfe von Dämonen Wunder bewirkte, die die Menschen ebenso faszinierten, aber die Menschen, welche das angeblich von Gott gesendete Zeichen falsch deuteten und durch dieses scheinheilige Zeichen in eine falsche Richtung gelenkt wurden.

Viele der entdeckten Wunder wurden nicht nur auf Zeichnungen und innerhalb von Schriften der Welt zugänglich gemacht, sondern einige der Entdecker wundersamer Dinge, stellten diese der Menschheit in einer Wunderkammer zusammen. Einer dieser Sammler war Adam Olearius, ein deutscher Schriftsteller und Diplomat in der Frühen Neuzeit.[12] Diese Wunderkammern wurden mit der Zeit beliebter und veranschaulichten, welche geheimnisvollen und wundersamen Dinge die neuen Welten, in denen diese gefunden und gesammelt wurden, verborgen hielten. Doch was für die einen ein Wunder zu sein scheint, ist für andere manchmal etwas ganz alltägliches. Die sinkende Feigenbaumart verwunderte viele Menschen, doch für jene, die es von Kindesbeinen an kennen, beeindruckt sie nicht. Demnach besteht eine Wunderkammer nicht aus Wundern, die von Gott geschaffen wurden, sondern aus Dingen, die bestimmte Kulturen verwundern.

Das Zeitalter der Wunder, welches sich durch die Frühe Neuzeit zog, verschwand in der Wende zum 18. Jahrhundert Stück für Stück und die Berichte über Wunder schwanden ebenfalls. Die anschließend aufgekommene Phase der Aufklärung sorgte dafür, dass die Menschen alle Dinge und Geschehnisse nicht mehr als solches akzeptierten oder sich den Meinungen anderer fügten, sondern alles hinterfragten, bis es erklärbar oder definitiv wundersam war. Die vorher so wundersamen Himmelszeichen konnten mithilfe neu erstandener Erkenntnisse in den diversen Wissenschaften erklärt werden, ebenso wie die Phänomene rund um Wunder der Natur, Blutwunder und andere.

Dadurch wurde das Mysterium der Wunder entzaubert und die Menschen erkannten, dass die Sterne im Himmel beispielsweise kein Zeichen Gottes waren, sondern lediglich Himmelskörper einer uralten Entstehungsgeschichte sind, die auf ein Geschehnis und nicht auf Gott zurückzuführen sind. Ebenfalls erkannten die Menschen zu jener Zeit, dass die angeblichen Zeichen Gottes nicht existierten. Der Aufklärung gelang es, die Macht des

---

[11]Landucci, Luca: Diariofiorentinodal 1450 al 1516, S. 314.
[12]Vgl: http://daten.digitale-sammlungen.de/0001/bsb00016337/images/index.html?seite=533 (18.03.2012).

Christentums ein wenig einzuschränken, da sie den Menschen aufzeigte, dass nicht alles, was man sieht, aber nicht versteht, ein Wunder sein muss und demnach nicht alles unbedacht auf Gott bzw. eine Existenz Gottes zurückzuführen werden muss. Die Wissenschaften etablierten sich in der Wende zum 18. Jahrhundert und begannen, all jene Dinge, die von Menschen als Wunder und Zeichen Gottes anerkannt wurden, zu erklären. Dabei gab es natürlich auch Phänomene, die unerklärbar blieben, so wie die Augenzeugenberichten von Geistern. Bis heute kann weder bewiesen werden, dass es welche gibt noch wenn doch, wieso welche existieren können.

Mit jedem Jahrhundert, in dem sich die Wissenschaften weiter ausdehnten und ihre Erkenntnisse erweiterten, schwanden die Wunder allmählich. Eine Monsterwelle, die im 15. Jahrhundert ein Schiff in die Tiefen riss war zweifelsohne in den Augen der Menschen ein Zeichen Gottes für z.B. in Ungnade gefallene Matrosen, doch heutzutage ist es wissenschaftlich erklärbar, dass Monsterwellen nicht durch Gott oder eine andere höhere Instanz hervorgerufen werden, sondern schlichtweg durch eine Reihe von Ereignissen im Meer entstehen. „Wunder gibt es immer wieder" und wird es auch in Zukunft weiterhin geben, doch in keinem Fall so zahlreich, wie es im Zeitalter der Wunder- in der Frühen Neuzeit der Fall war. Wunder werden geschehen und werden uns auch in Zukunft verwundern, sofern sie unerklärbar und mystisch bleiben.